Bibliografische Information der Deutschen Nationalbibliothek:

Die Deutsche Bibliothek verzeichnet diese Publikation in der Deutschen National-
bibliografie; detaillierte bibliografische Daten sind im Internet über http://dnb.d-
nb.de/ abrufbar.

Impressum:

Copyright © 2011 GRIN Verlag
Druck und Bindung: Books on Demand GmbH, Norderstedt Germany
ISBN: 9783656059417

Dieses Buch bei GRIN:

https://www.grin.com/document/182090

Mirco Franzek

Entwickeln für iOS mit Objectiv-C 2.0

GRIN Verlag

GRIN - Your knowledge has value

Der GRIN Verlag publiziert seit 1998 wissenschaftliche Arbeiten von Studenten, Hochschullehrern und anderen Akademikern als eBook und gedrucktes Buch. Die Verlagswebsite www.grin.com ist die ideale Plattform zur Veröffentlichung von Hausarbeiten, Abschlussarbeiten, wissenschaftlichen Aufsätzen, Dissertationen und Fachbüchern.

Besuchen Sie uns im Internet:

http://www.grin.com/

http://www.facebook.com/grincom

http://www.twitter.com/grin_com

Seminar Informatik

Entwickeln für iOS mit Objectiv-C 2.0

Mirco Franzek (5022770)

Inhaltsverzeichnis

1 Plattform

1.1 iOS

iOS (vormals *iPhone OS*) wurde am 9. Januar 2007 vorgestellt. Das für mobile Endgeräte (siehe 1.2) entwickelte Betriebssystem basiert auf **Mac OS X**, wobei es an den **ARM-Prozessor**[1] angepasst wurde.

iOS wurde auf die Bedienung mit Gesten, welche direkt über die Finger ausgeführt werden entwickelt. Ein Eingabestift o.Ä. ist nicht nötig. Des Weiteren können Gesten mit mehreren Fingern gleichzeitig ausgeführt werden (**Multi Touch**). Das iPhone mit iOS war das erste Smartphones welches sich mit MultiTouch am Markt behaupten konnte.
iOS liegt zur Zeit in Version 5 vor.

1.2 Devices

iOS wurde für den Einsatz mit dem **iPhone** entwickelt, welches am 29. Juni 2007 in den Vereinigten Staaten veröffentlicht wurde. Mittlerweile ist das 5. iPhone Modell (*iPhone 4s*) auf dem Markt.
Neben dem iPhone kommt iOS auf dem Tablet **iPad** sowie dem **iPod Touch** zum Einsatz.

2 Objectiv-C 2.0

Objectiv-C 2.0 ist eine objektorientierte Programmiersprache. Sie basiert auf *C* und bildet eine strikte Obermenge. C-Programme können also auch mit einem Objectiv-C 2.0 Compiler kompiliert werden.

Objectiv-C findet heutzutage primär Anwendung in der Entwicklung für Mac OS X und iOS - auf anderen Plattformen konkurriert es mit *C++*, welches ebenfalls auf C basiert.

---

[1]http://www.arm.com, abgerufen am 12.11.2011)

2.1 Aufbau von Klassen

Der Klassenaufbau ähnelt dem von C++. Für jede Klasse existiert ein **Header** (*.h) und die **Implementation** (*.m). Im Header werden die Instanzenvariablen und die Methodensignaturen (und somit die API) der Klasse definiert.

Listing 1: Syntax.h

```
@interface Syntax : NSObject { // NSObject ist die Superklasse
@private
        int foo;
        double bar;
}
        - (void) someMethod:(int)someValue;
        + (id) someClassMethod;
@end
```

Die Implementation erfolgt dann in der entsprechenden Datei

Listing 2: Syntax.m

```
@implementation Syntax
        - (void) someMethod { ... };
        + (id) someClassMethod { ... };
@end
```

2.2 Methoden & Konstruktoren

In Objectiv-C gibt es 2 Typen von Methoden: **Klassen- und Instanzmethoden**.
Instanzmethoden sind vergleichbar mit den Methoden aus Java und anderen objektorientierten Programmiersprachen. Die zu nutzende Syntax unterscheidet sich jedoch stark von diesen.

```
- (int) addiereWert1: (int) value1 andWert2: (int) value2;
```

Das **Minus** gibt an, dass es sich um eine Instanzmethode handelt.
Die ganze Methode heißt `addiereWert1:andWert2` und hat die Parameter `value1` und

4

value2, deren Rückgabetyp **int** ist. Durch diese anfangs ungewöhnlich wirkende Syntax entsteht gut lesbarer Code.

Klassenmethoden werden mit einem **Plus** gekennzeichnet. Sie beziehen sich nicht auf eine Instanz, sondern auf die ganze Klasse.

Sie werden unter anderem genutzt um **Konstruktoren** bereitzustellen. Da Objectiv-C eine hardwarenahe Programmiersprache ist, muss sich um die Speicherverwaltung selbst gekümmert werden. Bevor ein Objekt konstruiert werden kann, muss also der Speicherplatz angefordert werden.

```
NSString *test = [[ NSString alloc ] init ];
```

Zuerst wird Speicherplatz für einen **NSString** angefordert und das zurückgegebene Objekt über **init** initialisiert.

Nahezu alle Klassen aus dem Foundation Framework (siehe 3.1) bieten auch so genannte *convenicene Konstruktoren*. Bei diesen können verschiedene Attribute schon gesetzt werden. Bei Klassen aus dem Foundation Framework für Mac OS X wird für so erzeugte Objekte auch die *garbage collection* (siehe 2.6) aktiviert.

2.3 Setter & Getter

Setter- & Gettermethoden sollten nach folgender Konvention programmiert werden:

Listing 3: GetterSetterBeispiel.h

```
...
@private int value
...
- ( void ) setValue : ( int ) newValue {  ...  };
- ( int ) getValue {  ...  };
```

Dabei muss der Variablenname in der Methode groß geschrieben werden. Wenn die Methoden so programmiert werden, kann über die *Punktnotation* auf die Instanzvariablen zugegriffen werden.

```
someObject . value = newValue // Setter
int temp = someObject . value // Getter
```

5

```
self.value = newValue // innerhalb der eigenen Klasse
```

Mit **Properties** wird der Entwickler beim Bereitstellen der Setter- & Gettermethoden unterstützt.

Dafür muss im Headerfile vor die entsprechenden Variablen ein `@properties` geschrieben werden. Durch den Parameter `(readonly)` wird nur der Getter generiert. Falls ein eigner Setter oder Getter im Code angegeben ist, wird diese Methode nicht durch `@properties` überschrieben. So sind auch individuelle Methoden möglich.

Listing 4: PropertiesTest.h

```
@interface PropertiesTest : NSObject {
        double foo;
        int bar;
        }


        // Methoden etc.
        @property double foo;
        @property (readonly) int bar;
@end
```

Listing 5: PropertiesTest.m

```
@implementation PropertiesTest
        @synthesize foo // somit sind die Methoden verfügbar
        @synthesize bar // nur Getter verfügbar
@end
```

Auch mit Properties ist die Punktnotation verfügbar.

2.4 Kategorien & Extensions

Mit **Kategorien** können Klassen um neue Methoden erweitert werden, auch wenn kein Zugriff auf deren Quelltext besteht. Die so hinzugefügten Methoden verhalten sich wie normale Methoden, diese werden also auch vererbt etc.

Die *Nameskonvention* für Kategorien ist `Klassenname+Kategoriename.h`.

6

Listing 6: NSArray+ClearArray.h

```
@interface NSArray (ClearArray)
      -(NSArray *) clearArray;
@end
```

Nun muss die Methode noch implementiert werden. Dann steht sie allen Instanzen von **NSArray** zur Verfügung.

Listing 7: NSArray+ClearArray.m

```
@implementation NSArray (ClearArray)
      -(NSArray *) clearArray {
            ...
      }
@end
```

2.5 Protokolle

Protokolle in Objectiv-C können mit den *Interfaces* aus Java verglichen werden. Sie definieren Methoden, die alle Klassen, welche das Protokoll erfüllen wollen, implementieren müssen.

Listing 8: Copyable.m

```
@protocol Copyable
      - (id) copy;
      - (id) deepCopy;
@end
```

Eingebunden werden sie wie folgt

```
@interface ProtocolUse : NSObject <Copyable>
      ...
@end
```

2.6 Memory Management

Besonders bei der begrenzten Hardware von mobilen Endgeräten wie dem iPhone ist eine sinnvolle Speicherverwaltung wichtig.

Objectiv-C bietet seit der Version 2.0 zwei Möglichkeiten der Speicherverwaltung an: **garbage collection** sowie **reference counting**.

Die *garbage collection* funktioniert ähnlich wie in Java: es wird intern geprüft, ob ein Objekt noch von irgendwo aus dem Programm erreicht werden kann. Ist dies nicht der Fall, wird es freigegeben. Allerdings funktioniert dies noch nicht unter iOS.

Reference counting ist momentan die einzige Methode der Speicherverwaltung unter iOS. Grundidee ist, dass jedes Objekt mitzählt, wie viele andere Objekte darauf verweisen. Neu erstellte Objekte haben einen Wert von 1.
Mittels `retain` wird der Zähler um 1 erhöht, durch `release` um 1 reduziert. Sinkt der Counter auf 0 wird das Objekt zum Löschen freigegeben.

3 Cocoa-Framework

Das **Cocoa-Framework** ermöglicht es, auf Funktionen des Betriebssystems zuzugreifen, wie die Ausgabe von Ton, das Zeichnen auf dem Bildschirm etc. Dabei ist es in das *Foundation Framework* und das *Application Kit* aufgeteilt.

3.1 Foundation Framework

In diesem Framework werden alle grundlegenden Klassen bereitgestellt, welche nicht für eine grafische Ausgabe benötigt werden. Hier finden sich *Grunddatentypen, Datenstrukturen, die Speicherverwaltung uvm.* Da sich im Foundation Framework die Klasse `NSObject` [2] befindet, von der alle weiteren Klassen erben, ist es essentiell für alle Cocoa-Anwendungen.

Wichtige Klassen aus dem Foundation Framework sind unter anderem `NSString`, `NSArray`,

---

[2]der Präfix **NS** steht für NeXTStep und geht auf die Firma NeXT zurück, welche 1986 vom Steve Jobs mitbegründet wurde

`NSDate`, `NSHashTable`, `NSObject` etc.

3.2 Application Kit

Das **Application Kit** (kurz *AppKit*) stellt alle Klassen bereit, um grafische Oberflächen zu erzeugen. Es bindet automatisch das *Foundation Framework* mit ein. Ein grundlegendes Konzept bei der Erstellung von GUIs für Mac OS X und iOS ist das *Model-View-Controller-Pattern*. Das AppKit unterstützt den Entwickler bei der Anwendung des Entwurfsmusters durch die Implementierung von *Benachrichtigungen* und *Delegation*. [3]

3.3 Cocoa Touch

Das Cocoa-Framework wurde für iOS portiert und ähnelt im Aufbau dem Framework für Mac OS X.

Ein signifikanter Unterschied besteht darin, dass statt des AppKits **UIKit** genutzt wird, um grafische Oberflächen zu realisieren. Das UIKit enthält für die Bedienung mit dem Finger optimierte Komponenten und unterstützt *MultiTouch*.

Mit der weiterentwickelten Hardware sind auch immer neue Frameworks hinzugekommen, etwa für den Zugriff auf das Gyroskop oder die Nutzung von Multitasking.

4 Entwicklung fürs iPhone

Xcode bietet für das Erstellen von iOS-Applikationen verschiedene Grundformen an, welche nach den Human Interface Guidelines entwickelt wurden. Diese dienen als Grundgerüst und implementieren bereits das MVC-Muster, nach dem alle iOS-Applikationen aufgebaut sind.

---

[3]auf diese Entwurfsmuster wird hier nicht weiter eingegangen. Siehe [MW10]

4.1 Entwicklungsumgebung

Als Entwicklungsumgebung dient **Xcode**. Xcode wird mit jedem Mac ausgeliefert und kann kostenlos über den *Mac App Store* aktualisiert werden. Neben den *SDKs* für OS X und iOS sind noch zahlreiche Tools integriert, unter anderem ein iPhone- & iPad-Simulator, eine Versionsverwaltung und Analysetools um Speicherlecks aufzuspüren.

Abbildung 1: Xcode mit iPhone-Simulator

Im Lieferumfang ebenso enthalten ist der **Interface Builder**, mit welchem man intuitiv die Benutzeroberflächen erstellen kann. Das Verbinden von Objekten (Buttons, Labels, ...) auf den einzelnen Views mit den zugehörigen Events finden z.B. interaktiv durch ziehen des Objekts auf das Event statt.

4.2 iPhone SDK

Das **iPhone SDK** bietet eine Reihe von Klassen, welche das Entwickeln für iOS-Geräte wesentlich vereinfachen.

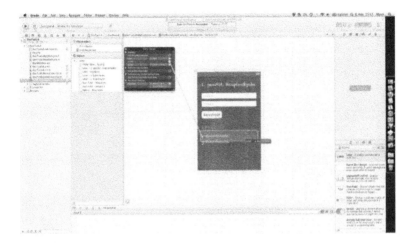

Abbildung 2: Interface Builder

Für viele Anwendung nützlich ist die eingebaute **SQLite**-Datenbank. Mit ihr wird eine vollständige relationale Datenbank mitgeliefert, welche für eigene Applikationen genutzt werden kann.

Wichtig für viele Applikationen ist die **Location API** sowie **Map Kit**.
Über die Location API kann leicht der momentane Standort abgefragt werden. Für die Positionsbestimmung gibt es drei Wege. Beim iPod, iPhone sowie iPad kann die Position über WLAN-Router bestimmt werden, so lange die Position derselben bekannt ist.
Nur beim iPhone und iPad 3G[4] kann die Position auch über die Funkzellen der Netzbetreiber bestimmt werden, da für die Funktürme die Position meistens bekannt ist.
Des Weiteren können iPhone und iPad auch mit GPS-Satelliten kommunizieren.

Mittels **Map Kit** kann man Positionen auf eine Karte zeichnen. Als Grundlage wird *Google Maps* genutzt.

Ebenso im SDK enthalten sind verschiedenen APIs um auf schon vorhandene Apps und

---

[4]iPads mit UMTS-Unterstüzung, im Gegensatz zu reinen WLAN-Modellen

Daten zuzugreifen. So können die Kontakte im *Adressbuch* genutzt werden oder auf den *Kalender* zugegriffen werden. Auch ein Zugriff auf die Mediendateien, welche ebenfalls in Apps vorliegen, ist möglich.

Seit iOS 4.1 (ab dem iPhone 3gs) ist auch das **Game Center** Bestandteil des SDKs. Spiele können die API des Game Centers nutzen, um Highscores und Spielerprofile anderen iOS-Nutzer zugänglich zu machen.

Auch für die Benutzeroberfläche stellt das SDK dem Entwickler viele Klassen bereit. Verschiedene Navigationen, Tabellen, Menüs etc. stehen zur sofortigen Nutzung bereit und entsprechen den **iOS Human Interface Guidelines**, welche beim Erstellen von Apps erfüllt werden sollen.

4.3 Apple Developer Programm

Durch den Erwerb eines Macs bekommt jeder Anwender Zugriff auf die Entwicklungsumgebungen und die SDKs und kann somit Software für iOS und Mac OS X entwickeln. Während die Veröffentlichung für Mac OS X den Mac App Store nicht zwingend voraussetzt, ist dies bei iOS anders.

Um Apps für iOS zu veröffentlichen muss man sich bei Apple als Developer anmelden und einen Jahresbeitrag von *79 Euro* zahlen. Dafür bekommt man Zugriff auf umfangreiches Dokumentationsmaterial und Betaversionen von iOS. Die fertig entwickelte App wird vor der Veröffentlichung von Apple geprüft und steht dann jedem über den **AppStore** von Apple zum Kauf bereit. Der Entwickler erhält 70% von den Einnahmen, die verbleibenden 30% gehen an Apple.

Bei der Prüfung verfolgt Apple eine restriktive Politik. So dürfen keine Demoversionen angeboten werden und verschiedenen Richtlinien müssen erfüllt sein.

Literatur

[App] APPLE: *iOS Developer Library.* http://developer.apple.com/library, Abruf: 8.11.2011

[DA10] DUDNEY, Bill ; ADAMSON, Chris: *Entwickeln mit dem iPhone SDK.* O'Reilly, 2010

[MW10] MEYER, Sebastian ; WICHERS, Torben: *Objectiv-C 2.0 - Programmierung für Mac OS X und iPhone.* mitp Verlag, 2010

BEI GRIN MACHT SICH IHR WISSEN BEZAHLT

- Wir veröffentlichen Ihre Hausarbeit,
  Bachelor- und Masterarbeit

- Ihr eigenes eBook und Buch -
  weltweit in allen wichtigen Shops

- Verdienen Sie an jedem Verkauf

Jetzt bei www.GRIN.com hochladen
und kostenlos publizieren

www.ingramcontent.com/pod-product-compliance
Lightning Source LLC
La Vergne TN
LVHW042323060326
832902LV00010B/1698